NATURWUNDER AUSTRALIENS

Australia

Sonderausgabe für den Gondrom Verlag, Bindlach 1988
Text: Ivor Matanle
Deutsche Übersetzung: Sabine Lohmann
CLB 2134
© 1988 Colour Library Books Ltd., Godalming, Surrey, England.
Printed and bound in Barcelona, Spain by Cronion, S.A.
ISBN 3-8112-0606-0

NATURWUNDER AUSTRALIENS

GONDROM

Es war einmal ein Kontinent namens Gondwanaland

Vor langer, langer Zeit gab es auf der südlichen Halbkugel unserer Erde einen Urkontinent - Gondwanaland. Dieser riesige Erdteil vereinigte das heutige Südamerika, Afrika, den indischen Subkontinent, die Antarktis und Australien in einer gewaltigen Landmasse. Jedoch die geologischen Kräfte und Spannungen, die unsere Erde immer wieder neu gestalten, trennten Australien schon vor rund 160 Millionen Jahren von Gondwanaland und isolierten den Erdteil bis ins 18. Jahrhundert unserer Zeit fast vollkommen von der restlichen Welt.

Während dieser langen Epoche der Abgeschiedenheit entwickelten sich die Flora und Fauna Australiens auf eine ganz eigentümliche und besondere Weise - in einer Landschaft, die nirgends auf der Welt ihresgleichen hat. Hier konnten sich Tiere entwickeln, die auf der Welt einzigartig sind; wahrscheinlich weil es die evolutionär höher stehenden Säugetiere, die Australiens Urtiere zum Aussterben verurteilt hätten, einfach nicht gab. Jedoch nicht nur die Tier-, sondern auch die Pflanzenwelt dieses einmaligen Kontinents konnte sich wuchernd und auf ihre ganz individuelle Weise ausbreiten.

Selbst nach zwei Jahrhunderten europäischer Besiedlung kann jeder, der bereit ist, die gewaltigen australischen Flächen zu durchqueren - und das nicht immer unter idealen Umständen -, die wunderbare Eigentümlichkeit der Landschaft mit ihren besonderen Pflanzen und Tieren erleben. Der Kontinent ist aber nicht nur für seine interessante Umwelt, sondern auch für seine riesigen, menschenleeren Flächen berühmt.

Von Ayers Rock, dem fast 350 m hohen, den australischen Ureinwohnern heiligen Sandsteinmonolith im Innern des Landes, müßte man wenigstens 1.600 km nach Norden, Süden, Westen oder Osten reisen, um den Ozean zu erreichen. Australien ist einer der größten Staaten, die größte Insel und der kleinste Kontinent unserer Erde. Mehr als doppelt so groß wie Indien und fast so groß wie Kanada, liegt dieser Erdteil mit zwei Fünfteln seiner Landmasse in den Tropen und kann sich dennoch einer Bergkette rühmen, den Snowy Mountains im Südosten, die jedes Jahr drei Monate lang verschneit liegt. Tausende von Kilometern flacher Wüste ohne jegliche Orientierungspunkte im Süden und Innern Australiens werden im Osten durch grüne fruchtbare Hügel, bewaldete Hänge und rauschende Wasserfälle ausgeglichen, und das in der Sommerhitze von Insekten übersäte Nord-Territorium scheint ganze Welten von der frischen Bergluft Tasmaniens entfernt zu sein.

Von Beuteltieren und Laufvögeln

Unter all den interessanten Tieren Australiens ist das Känguruh nicht nur das berühmteste, sondern auch das Symbol des Landes. Zu dieser Tiergattung gehören jedoch 56 Arten von Känguruhs und Wallabys, ein verhältnismäßig kleiner Teil von 250 verschiedenen Beuteltiergattungen des Erdteils. Beuteltiere sind primitive Säugetiere, bei denen sich die Jungen, die winzig klein - nur bohnengroß - und unterentwickelt geboren werden, in Beuteln außerhalb des Muttertierleibes weiterentwickeln.

Die größte und am weitesten verbreitete Känguruhart umfaßt die sogenannten Grauen und Roten Känguruhs. Diese Tiere werden über zwei Meter groß, wiegen zum Teil mehr als zwei Zentner und haben stark entwickelte Hinterbeine, auf denen sie mit einer Geschwindigkeit von bis zu 48 km in der Stunde hüpfen können. Am anderen Ende der Skala findet man das sogenannte rotbraune Rattenkänguruh (Aepyprymnus Rusesceus). Dieses Tier ist kleiner als ein Kaninchen und lebt in den bewaldeten Küstenstreifen im Osten des Kontinents. Dazwischen gibt es eine ganze Reihe von verschiedenen Arten und Größen; eine davon kann überleben, indem sie Salzwasser trinkt. Das hasengroße, sogenannte bebrillte Hasenwallaby wiederum, ist in den mit Dornenbüschen bewachsenen Steppen Australiens zu Hause, während die einen Meter großen sogenannten „Prettyface Wallabys" grasbedeckte Hügel vorziehen. Einige der vielen Känguruharten können nur in ganz bestimmten und begrenzten Gegenden Australiens überleben, darunter das sogenannte heute selten gewordene „rothalsige Felsenwallaby", das nur zwischen den Felsen in einem kleinen Teil Queenslands zu finden ist.

Andere australische Tiere müssen den ersten Entdeckungsreisenden noch seltsamer vorgekommen sein, wie zum Beispiel das Schnabeltier, das erst Eier legt und ausbrütet, dann aber seine Jungen säugt. Das Echidna (Tachyglossus) ist ein seltsames Tier, das Eier legt und aussieht wie ein Stachelschwein. Der Koala sieht aus wie ein putziger Teddybär und lebt und klettert in Eukalyptusbäumen. Versucht man ihn aber einzufangen, kann er ganz gefährlich beißen. Der Wombat ist ein biberähnliches Nachtbeuteltier, das in Erdbauten lebt und sich exclusiv von Pflanzen ernährt. Hier, in diesem seltsamen Land, gibt es sogar ein Krokodil, das in salzhaltigem Wasser lebt. Unter den anderen australischen Reptilien sollte man den Waran nicht vergessen, eine Echse, die über zwei Meter lang werden kann, und die sogenannte „Queensland-Python", die eine Länge von bis zu sechs Metern erreicht. In Australien gibt es über 150 verschiedene Schlangenarten, eine davon, die sogenannte „Taipan", ist die giftigste der Welt und sollte auf jeden Fall gemieden werden.

Auch die australischen Vögel haben sich oft entschieden anders entwickelt als die auf den größeren Kontinenten. Der zum Fliegen unfähige Emu, ein straußenähnlicher Laufvogel, ist zum Symbol Australiens geworden. Der Emu ist aber nicht der einzige flugunfähige Vogel des Kontinents – in Nordqueensland gibt es einen zweiten typisch australischen Laufvogel, den Cassowary. Zu den vielen Entenarten Australiens gehören eine Art Brand- und eine Moschusente und zu den herrlichen Greifvögeln der sogenannte „Wedgetailed Eagle" und ein Falke mit dem seltsamen Namen „Whistling Eagle" (Haliastur Sthenurus). Weitere besondere, bemerkenswerte Vögel sind das Erdhügel bauende „Mallee-Huhn" (Leipoa Ocellata), der sogenannte „Buschtruthahn", der Laubenvogel, der Paradiesvogel und der Leierschwanz.

Die Gebirge und Flüsse des Ostens

Der Südosten und Osten Australiens, die Provinzen Victoria, Neu-Süd-Wales und der südliche Teil Queenslands, gehören zu den schönsten, grünsten und fruchtbarsten Gebieten des Kontinents. Im Norden und Süden von Sydney Heads, der Hafeneinfahrt für den wunderschönen, fast 5500 ha großen Hafen von Sydney, streckt sich ein 43 km langer schneeweißer Sandstrand. Ähnliche wunderbare Sandstrände gibt es hier fast überall an dieser Küste. Es ist jedoch das Landesinnere, wo sich die wirklichen Wunder der Provinz Neu-Süd-Wales offenbaren. Das fruchtbare Land dieser Gegend und das im Süden Queenslands werden durch die Great Dividing Range, das Australische Bergland, von den trockenen Gebieten Westaustraliens getrennt. Das Australische Bergland ist eigentlich nur eine nicht lückenlos zusammenhängende Hügelkette, die ungefähr in nordsüdlicher Richtung verläuft und sich im Süden nach Westen wendet. In diesem Gebirge entspringen die großen Flüsse Australiens, die hier die Hänge und Ebenen grün und fruchtbar gemacht haben; ganz im Gegensatz zu den trockenen und immer gelblich-braunen Ebenen im Westen.

Westlich der Stadt Sydney liegen die Blue Mountains, eine der schönsten Berglandschaften Australiens. Aus der Ferne gesehen, ist dieses Gebirge immer von einem kobaltblauen Dunst umgeben – daher der Name „Blue Mountains", Blaue Berge. Dieses Dunstphänomen ist wahrscheinlich auf die vielen Eukalypten zurückzuführen, die an den Hängen des Gebirges wachsen und deren Öl in der warmen Luft blau verdunstet. Hier ragen steile Sandsteinklippen über üppig bewaldete Täler, und dramatisch anmutende Wasserfälle stürzen sich durch aufregend schöne Schluchten. Tief im Gebirge liegen die Jenolan-Höhlen, ungefähr 500.000 Jahre alte Felsformationen von bemerkenswerter Schönheit.

Weiter südlich erheben sich die Southern Highlands mit dem 850 m hohen Mount Gibraltar und Mount Jellore. Noch weiter südlich, in Neu-Süd-Wales, erstrecken sich die Snowy Mountains mit dem 2230 m hohen Mount Kosciusko, dem höchsten Berg Australiens. Hier in dieser Gegend entspringen sechs der bedeutendsten Flüsse des Kontinents – der Murrumbidgee, der Murray, der Tumut, der Snowy und die Eucumbene – und lassen das Land, das sie auf ihrem Wege zum Ozean durchfließen, ergrünen.

Im Norden der Provinz Neu-Süd-Wales, in einem Gebiet, das von Australiern die „North-Coast" (Nordküste) genannt wird, kann man zwei der herrlichsten Wasserfälle Australiens bewundern, die Ellenborough- und Bulga-Fälle, beide an der Bulga-Ebene gelegen. Außerdem liegt hier das sogenannte Tafelland von Neu-England mit seinem 1600 m hohen Round Mountain und den ungefähr 1500 m hohen Kuppen Ben Lomond, Chandler's Peak und Capoompeta. Etwas weiter westlich bilden die sogenannten North-West-Slopes mit ihren wunderbar bewaldeten Hängen und reißenden Flüssen eine natürliche Umwelt für viele der berühmten australischen Tiere und Pflanzen. Die seltsam geformten Berge der Warrumbungle-Kette ragen direkt und steil aus ihrer flachen Umgebung. Der merkwürdigste von ihnen ist das sogenannte „Breadknife" (das „Brotmesser"), ein schmaler, spitz zulaufender Felsen, der rund 100 m in den Himmel ragt und dessen Spitze kaum breiter als 160 cm ist. Warrumbungle ist ein Paradies für viele der einzigartigen Pflanzen und Bäume Australiens. Hier findet man die typischen Port Jackson-Feigen, Australische Akazien, wilde Orchideen, „Grasstrees" (Zanthorrhoea), „Snow Gums" (Eucalyptus Niphophila), „Kurrajongs" (Brachychiton) und Australische Flußeichen.

Weiter nördlich und vom Südlichen Wendekreis durchzogen, liegt die ungefähr 1,75 Mill. km^2 große Provinz Queensland mit der Halbinsel York und den Bergen der „Bellenden Ker"-Kette, die mit ihrer 1600 m hohen Kuppe „Bartle Frere" den nördlichsten, und damit den tropischen Teil des Australischen Berglandes bilden. Im Osten der Halbinsel York, die im Westen vom Carpentaria-Golf begrenzt wird, verläuft das Gebirge ziemlich nahe an der Küste entlang. Hier stehen die dicht mit Eukalypten bewachsenen, bis zu 600 m hohen Hänge teilweise nur 30 km von der Küste entfernt und bilden zum Teil wirklich tropischen Regenwald. In dieser Gegend kann man auch noch viele verschiedene Arten seltener australischer Hartholzbäume finden – zum Beispiel die Queensland-Zeder, die Bunya- und die Kaurifichte und die einheimische Tamarinde. Ungefähr 8000 Pflanzen- und Farnarten sind hier in dieser Provinz verzeichnet worden. Der berühmte „Giant Stinging Tree" steht unter Naturschutz. 320 km südlich der „Bellenden Ker"-Kette liegen die 31.000 km^2 des „Atherton"-Tafellandes, eine feuchte, fruchtbare und dicht bewaldete Gegend, von Schluchten und reißenden Strömen durchdrungen. Hier haben sich die Flüsse ganz tief in die riesigen, aus Sandstein bestehenden Steilabbrüche gefressen und bilden Becken, die tief und wunderbar kühl sind.

Direkt vor der Ostküste Queenslands liegt eines der bedeutendsten Naturwunder Australiens – das Große Barrier-Riff. Dieses Riff ist nicht nur die größte Korallenbank, sondern auch das größte, jemals von Lebewesen gebaute Gebilde der Welt. Von der Torres-Straße an der nördlichsten Spitze des Kontinents streckt sich dieses phantastische Riff rund 2000 km gen Süden – bis an den 25. Breitengrad. Bewaldete Inseln ragen aus kristallklaren, blauen Lagunen, in denen man die wunderbar bunten Korallenbänke und ein Gewimmel von exotischen Meerestieren und -pflanzen beobachten kann. Riesige Rochen scheinen förmlich durch das klare Wasser zu fliegen, überlange Muränen schwimmen auf dem schillernden Korallengrund und ernähren sich von wunderbar bunten Muscheln und Seeanemonen, und viele andere exotische Meerestiere leben hier in einer kunterbunten, phantastischen und üppigen Unterwasserlandschaft.

Westlich der sogenannten „Great Divide" ist das Land nicht mehr so fruchtbar und wird, je weiter westlich man reist, immer trockener. Im westlichsten Teil Queenslands liegt das sogenannte Große Artesische Becken, eine ausgetrocknete, steinige Wüste, die sich aber während der kurzen Regenzeit im Winter in eine wunderbar grüne und grasüberwachsene Landschaft verwandelt. Im Westen der Provinz Neu-Süd-Wales erstreckt sich der sogenannte „Central West", eine sanfte Hügellandschaft mit fruchtbarer roter Erde, die noch weiter westlich in den wirklichen australischen Busch, den „Outback" übergeht.

Ein Inselparadies für australische Tiere und Pflanzen

Die Inselprovinz Tasmanien ist einmal von einem Vermessungsingenieur des britischen Marineministeriums als „die bergigste Insel der Welt" beschrieben worden. Tasmanien besteht auch heute noch zum größten Teil aus dichten Wäldern, Bergen und rauschenden Gewässern und zählt so zu den landschaftlich schönsten Teilen des Kontinents. Die fast herzförmige, ungefähr 300 km x 288 km große Insel liegt 200 km vor der Südküste des Kontinents und ist mit der höchsten jährlichen Niederschlagsmenge die feuchteste Provinz Australiens. Hier kann der Blick, ganz gleich wo man sich befindet, den Bergen und Hügeln niemals ganz ausweichen.

Vor rund 40 bis 25 Millionen Jahren wurde die Landbrücke, die die Insel bis dahin mit dem Kontinent verbunden hatte, durch die Bass-Straße vom Festland getrennt. Seitdem hat sich das üppige Pflanzen- und Tierreich Tasmaniens separat weiterentwickelt und viele, nur der Insel eigene Arten hervorgebracht. Die bergige Landschaft und das allgegenwärtige Andopetalum (von den Australiern „Horizontal Plant", Horizontalpflanze, genannt), das sich überall als undurchdringliches Dickicht verbreitet hat, machen es fast unmöglich, den Südwesten der Insel zu erforschen, ohne sich ganz langsam und mühevoll einen Pfad mit dem Buschmesser zu bahnen. Folglich ist diese Gegend ein wahres Paradies für die seltenen Tiere Tasmaniens geworden.

Das bekannteste Tier der Insel ist Sarcophilus Harrinii, der sogenannte „Tasmanische Teufel", ein fleischfressendes Beuteltier, das manche an einen langschwänzigen schottischen Terrier und andere wieder an einen kleinen Bär erinnert. In Wirklichkeit ist dieses schwarz-weiß gefleckte, fast einen Meter lange Tier eine seltene Beutelkatze, die sich jetzt glücklicherweise wieder vermehrt. Noch seltener ist eines der scheuesten Tiere der Welt, der sogenannte „Tasmanische Tiger". Dieses Tier hat auch einen irreführenden Namen, denn es ist keine Katzenart, sondern ein wolfsartiges Beuteltier. Es ist (oder war) jedoch gestreift wie ein Tiger und ein ausgesprochenes Nachttier. Man hat ihn aber schon jahrelang nicht mehr gesichtet und ist deshalb nicht sicher, ob es dieses scheue Tier überhaupt noch gibt. Auf der Insel leben nicht weniger als vierzehn verschiedene Vogelarten, die sonst nirgendwo anders auf der Welt zu finden sind. Außer den typischen „Waratahs", "Banksias" und „Grevilleas", die auch in den südlichen Gegenden des Festlands wachsen, sind der Insel dutzende einmaliger Pflanzenarten eigen.

Die Berge der Hochebene im Inneren der Insel erheben sich rund 1500 m von der Küste aus gesehen, und die Ebene selbst liegt 1300 m über dem Meeresspiegel. Der schönste Berg Tasmaniens, der 1375 m hohe Mount Wellington, ist mit herrlichen Bäumen bewachsen und im Winter mit Schnee bedeckt.

Die verschiedenen Landschaften im Süden des Kontinents

Entlang der Südküste des Festlandes und im Landesinneren von Neu-Süd-Wales, Victoria und der kahlen unfruchtbaren Küste Süd-Australiens im Westen kann man fast alle verschiedenen Landschaftstypen Australiens durchqueren; von den sanften grünen Hügeln im Osten, über die Berglandschaft der Flinders-Kette, bis in die weiten und unfruchtbaren Steppen- und Wüstengebiete im Westen.

Gippsland, im Osten der Provinz Victoria, liegt zwischen dem Australischen Bergland, der Bass-Straße und der Tasman-See. Die Küste ist flach, aber in dem herrlich bewaldeten Osten dieser Gegend, östlich des Naturschutzgebietes von Kap Wilson, liegen mehrere wunderbare, miteinander verbundene Seen mehr oder weniger parallel zu dem berühmten sogenannten „Ninety Mile Beach", einem Küstenstrich an der östlichen Bass-Straße.

Die bis zu 2000 m hohen Hotham Heights im Osten der Provinz Victoria sind im Winter mit Schnee bedeckt, wie auch der 250 km von der Küste entfernte, 1800 km hohe Mount Buller. Der Murray ist der längste Fluß Australiens und bildet den größten Teil der Grenze zwischen Victoria und Neu-Süd-Wales. Er entspringt in den Snowy Mountains und fließt erst nordwestlich durch ein wunderschönes Tal und schlängelt sich dann gen Süden auf seinem Wege zum Meer.

Westlich von Victoria liegen die Weiden der Provinz Süd-Australien und noch weiter westlich die öde und unfruchtbare Nullabor-Ebene, wo Durchreisende durch Schilder darauf hingewiesen werden, daß es hier 1200 km weit kein trinkbares Wasser gibt. Ganz in der Nähe der Küste und der großen Stadt Adelaide liegt die Mount Lofty-Kette. Vom Mount Lofty, dem rund 700 m hohen und damit höchsten Berg dieser Kette, hat man eine herrliche Aussicht auf das schöne Piccadilly-Tal. Südlich der Stadt Adelaide, wo die Hügellandschaft bis an den Ozean reicht, liegt eine Seenplatte. Diese feuchte, grüne Gegend ist ein wahres Vogelparadies und das völlige Gegenteil der sonst so typisch trockenen und staubigen Landschaft Süd-Australiens. Im Südosten der Provinz erhebt sich der Mount Gambier, ein rund 200 m hoher erloschener Vulkan mit vier besonders schönen Seen. Einer dieser Seen, der sogenannte "Blue Lake", verwandelt sich jeden März von einem blauen in einen grauen See. Im November erscheint das Wasser wieder blau, ein Phänomen, für das man auch heute noch keine befriedigende Erklärung gefunden hat.

Zu den erstaunlichsten Naturwundern Süd-Australiens zählen die phantastischen Felsformationen und Farben der Flinders-Kette, ungefähr 240 km nördlich von Adelaide. Die bunten Felsen dieser Kette bestehen aus besonders harten Quarziten, die von der Erosion, die die umliegende Landschaft in eine Ebene verwandelt hat, vollkommen unangetastet sind. In der Nähe von Wilpena Pound, ungefähr 50 km nördlich von Hawker, kann man phantastische Klippenformationen bewundern. Auf lilafarbenem Schiefer stehend, sind sie unten rot und oben weiß – und wenn man dann hier einen der weltberühmten australischen Sonnenuntergänge erlebt, kann man so verblüffende Farbzusammenstellungen sehen, wie sie nur von der Natur geschaffen werden.

Die Nullarbor-Ebene westlich dieser phantastischen Landschaft ist eines der ödesten Gebiete Australiens, oder sogar der ganzen Welt. Doch trotz ihrer ehrfurchtgebietenden Einöde, ist sie nur das südwestliche Randgebiet der australischen Wüstenlandschaft, die sich von hier aus über die Große Victoria-Wüste und mehr als 1900 km nördlich bis an die Kimberley-Hochebene an der Timor-See erstreckt. In ostwestlicher Richtung ist dieses riesige Wüstengebiet fast ebenso groß, und die staubige, ockergelbe und flache Landschaft ändert sich nur wenig bis zum Barkly-Tafelgebirge.

Die großen Australischen Wüsten

Die Provinz West-Australien ist ungefähr sechsmal so groß wie die Bundesrepublik. Mit einer Fläche von 2400 km x 1600 km und 1600 m über dem Meeresspiegel gelegen, nimmt sie ein Drittel der Landmasse des ganzen Kontinents ein. In dieser fast vollkommen flachen Landschaft wachsen nur Dornen- und sogenannte Salzbüsche. Jedoch im extremen Südwesten, südlich der Provinzhauptstadt Perth, liegt ein schöner bewaldeter Landstreifen mit ausreichendem jährlichen Niederschlag. Hier, zwischen Kap Naturaliste und Kap Leeuwin gibt es mehrere eindrucksvolle Sandsteinhöhlen, die zum größten Teil noch unerforscht sind; nur wenige sind der Öffentlichkeit zugänglich. Im größten Teil dieser unendlich flachen Wüstenlandschaft jedoch gibt es nur wenige Orientierungspunkte. Drei davon sind der ungefähr 184 m hohe Mount Clarence, der Mount Melville und der weiter nördlich gelegene Mount Baker.

Die wirklich unendlich erscheinenden Wüstenlandschaften Australiens sind aber nordöstlich von Perth zu finden. Nördlich der Nullarbor-Ebene dehnt sich die Große Victoria-Wüste und noch weiter im Norden die Gibso-Wüste. Die nördlichste Wüste des Kontinents, die sich im Osten bis in das Nord-Territorium zieht, ist die Große Sandwüste, in der die bemerkenswertesten Naturwunder Australiens zu finden sind. Das Nord-Territorium ist fast ganz in den Tropen gelegen. Fast fünfmal so groß wie die Bundesrepublik, nimmt es ungefähr ein Sechstel der Landmasse des Kontinents ein. Die nördlichen, fast ganz auf Meeresspiegelhöhe gelegenen Küstenebenen sind dicht mit Regenwald bewachsen; zwischen November und April herrscht Monsunregen. Dieses feuchte, tropische Klima, eigentlich typischer für Indien als für Australien, macht es möglich, daß in der Gegend um die Provinzhauptstadt Darwin nicht nur einheimische australische Bäume und Pflanzen wachsen, sondern auch Palmen und Mangroven.

Im Süden des Nord-Territoriums und damit im Herzen Australiens erhebt sich die Macdonnell-Kette mit ihrem berühmten und ehrfurchterregenden Monolith Ayers Rock. Dieser Felsen ist das größte prähistorische Heiligtum der Welt. Der Monolith und die rundlichen sogenannten „Olgas", die wie riesige rote Brotlaibe in der Landschaft liegen, haben einen Grundflächenumfang von fast 9000 m. Das steinerne Heiligtum besteht aus uralten, erodierten Steilabbrüchen, die von Wind und Wetter in unheimliche Felsformationen verwandelt worden sind. Die meisten Menschen, die in dieser Gegend gezeltet haben, meinen in der Dunkelheit unheimliche, übernatürliche Mächte wahrgenommen zu haben.

Jedoch auch das ist ein Teil des bleibenden australischen Erlebnisses – dieser Kontinent hat sich in jeder Hinsicht separat entwickelt und mit der Naturgeschichte der restlichen Welt wenig gemeinsam. Er hat seine eigenen Pflanzen und Tiere hervorgebracht und seine ureigenen und seltsamen Naturwunder. Seit der Urkontinent Gondwanaland vor 160 Millionen Jahren auseinanderbrach, ist Australien immer seinen eigenen Weg gegangen, und es sieht ganz danach aus, als würde es diesen individuellen Pfad noch viele tausend Jahre weiter verfolgen.

Rechte Seite: Diese Felsbildungen im Torndirrup-Nationalpark in West-Australien heißen „Natural Bridge" oder „Natürliche Brücke".

Die zerklüftete Steilküste *(oben)* ist Teil des fast 4000 ha großen Torndirrup-Nationalparks südwestlich der Stadt Albany in West-Australien.
Rechte Seite: Kap Naturaliste in der Nähe des Yallingup-Nationalparks in West-Australien.

Die putzigen Koalas *(diese Seiten)* haben eine rauhe, mißtönende Stimme, die überhaupt nicht zu ihrem friedlichen Wesen paßt. Als Nachttiere sind Koalas tagsüber träge; des Nachts jedoch sind sie fast dauernd auf Futtersuche, da ein jedes Tier ungefähr eineinhalb Kilo Eukalyptusblätter fressen muß, um leben zu können.

Die am Torndirrup-Nationalpark *(rechte Seite)* gelegene Südwestküste West-Australiens *(oben)* besteht aus zerklüfteten Felsen, ruhigen Buchten und herrlichen Stränden.
Hier fällt die Brandung, die die Luft ganz und gar mit ihrer wohltuenden salzigen Gischt erfüllt, mit kurzen rollenden Wellen ein und zerspringt an den schroffen vorgelagerten Felsen.

Linke Seite: Der wilde Ozean um Kap Leeuwin, West-Australien, wo das Zusammentreffen zweier Meere für eine stürmische Brandung sorgt. Das Kap wurde nach dem holländischen Schiff „Leeuwin" benannt, das diese Gewässer 1622 erreichte. *Oben:* Der Indische Ozean donnert gegen den Strand von Wyadup in West-Australien.

Diese Seiten: Diese seltsamen Felsformationen im Nambung-Nationalpark in West-Australien werden von den Australiern einfach „Pinnacles", zu deutsch „Felsspitzen" genannt und sind stumme Zeugen der unbarmherzig wirkenden Naturkräfte – Wind, Wasser und Zeit.

Die säulenartigen Kalksteingebilde, die sogenannten „Pinnacles" *(diese Seiten),* stehen in der öden Landschaft des Nambung-Nationalparks in West-Australien und verleihen der ganzen Gegend den Eindruck einer Mondlandschaft.

Das sogenannte „Rote" Känguruh *(diese Seiten)* ist eines der größten Beuteltiere des Landes. Als Wandertier legt es auf der Suche nach Futter täglich viele Kilometer zurück und konkurriert mit Rindern und Schafen um Futterplätze.

Die Landschaft rund 160 Kilometer nördlich von Perth zählt zu den herrlichsten West-Austaliens. Die grünen Weiden einer sogenannten „Sheep-Station" oder Schafzuchtfarm landeinwärts von Jurien *(oben)* sind typisch für dieses Gebiet. *Rechte Seite:* Eindrucksvolle Felsschlucht im Kalbarri-Nationalpark, West-Australien.

Oben: Die Hamersley-Kette in West-Australien. Einige Felsbildungen in diesem Berggebiet sind wahrscheinlich zweitausend Millionen Jahre alt.
Rechte Seite: Die Schlucht des Murchison-Flusses im Kalbarri-Nationalpark, in der Nähe von Geraldton, West-Australien.

Linke Seite: Eine Küstenansicht im Kalbarri-Nationalpark und *(oben)* ein Strand in der Nähe der Stadt Kalbarri in West-Australien. Dieser Nationalpark besteht aus 180.000 ha unberührter Buschlandschaft und rühmt sich einer reichen einheimischen Flora und Fauna.

Oben: Landschaft in der Nähe der Stadt Wittenoom und *(rechte Seite)* eine tiefe Schlucht im Hamersley-Range-Nationalpark, West-Australien. Trotz der meist trockenen Wetterbedingungen konnten sich hier im Schatten der hohen Klippen und wo Wasserfälle die Erde feucht halten Bäume und andere Pflanzen ansiedeln.

Rechte Seite: Stelzvögel auf der Futtersuche in den Sümpfen um Fogg Dam *(oben)* im Nord-Territorium. Seit dem Bau des Dammes in den fünfziger Jahren hat sich eine üppig bewachsene Sumpflandschaft entwickelt und ist zum Anziehungspunkt für viele Vogelarten und andere Tiere geworden.

Linke Seite: Ein Krokodil im seichten Uferwasser des East-Alligator-Flusses *(oben)* im Nord-Territorium. Der Fluß entspringt in Arnhemland im Norden des Staates (einem Gebiet, das der Urbevölkerung des Kontinents zugesprochen wurde) und bildet die nördliche Grenze das Kakadu-Nationalparks.

Das Nord-Territorium, der nördlichste Staat Australiens, besteht nicht nur aus öder Buschlandschaft. *Oben:* Wunderbar buntgezeichnete Stelzvögel, auf der Suche nach Fischen, benutzen die riesigen Seerosenblätter in den Fogg-Dam-Sümpfen als eine Art Floß oder Plattform. *Rechte Seite:* Ein herrlicher Poinciana-Baum in der Nähe von Darwin, im Nord-Territorium.

Der Wasserbüffel *(oben)* und eine Art Wildschwein *(rechte Seite)* sind von den weißen Siedlern in Australien eingeführt worden.

Oben: Das Palm-Valley-Flora-und-Fauna-Naturschutzgebiet ist eine der größten und grünsten unter Naturschutz stehenden Buschlandschaften des Nord-Territoriums.
Rechte Seite: Zu einer Kamelfarm gehörende Kamele an der Emily-Gap-Road in der Nähe von Alice Springs im Nord-Territorium.

Oben: Ayers Rock und *(rechte Seite)* die gespaltenen sogenannten Olgas in der Nähe von Alice Springs im Nord-Territorium. Diese beiden riesigen Felsbildungen verändern ihre Farben je nach Sonnenstand und wirken beim Auf- und Untergang besonders dramatisch und eindrucksvoll.

Oben: Der abgerundete massive Ayers Rock liegt östlich der Olgas *(rechte Seite)* und in der Nähe von Alice Springs, im südlichen Teil des Nord-Territoriums. Diese ehrfurchtgebietenden Monolithen sind die berühmtesten Wahrzeichen des sogenannten „Red Centre", der „roten Mitte" Australiens.

Die Monolithen Ayers Rock *(linke Seite)* und die Olgas *(oben)* spielen schon seit tausenden von Jahren eine wichtige Rolle in den Überlieferungen und Sagen der australischen Ureinwohner. Heute liegen beide im Uluru-Nationalpark und stehen unter Denkmalschutz. Die Uraustralier nennen Ayers Rock „Uluru"; darum und um die Bedeutung des Monolithen in der Menschengeschichte Australiens zu unterstreichen, wurde der Park Uluru-Nationalpark genannt.

Ein schönes Rosa, ein glühendes Rot und herrliche Goldtöne gehören zu den atemberaubenden Farben, die man während des Sonnenauf- oder -untergangs über den Olgas *(oben)* und Ayers Rock *(rechte Seite)* beobachten kann.

Süd-Australien:
Schöne Braune *(oben)* auf der Eyre-Halbinsel und die harten Weiß- und Blautöne eines natürlichen Salzwasserverdunstungsbassins *(rechte Seite)* hinter der Stadt Penong.

Oben: Der sogenannte gemeine Bartdrache, eine Eidechse aus dem Osten Australiens. *Rechte Seite:* Der Emu, einer der größten Laufvögel der Welt, lebt in der Buschlandschaft und den lichten Wäldern der „Roten Mitte" Australiens.

Das fruchtbare Barossa-Tal *(oben),* nicht weit von Adelaide, der Hauptstadt Süd-Australiens, ist das bedeutendste Weinanbaugebiet des Kontinents.
Rechte Seite: Entwurzelte Eukalyptusbäume im Willowie-Naturschutzgebiet in Süd-Australien.

Diese Seiten: Kängurus leben in kleinen Gruppen oder sogenannten „Mobs" zusammen und werden von dem größten männlichen Tier, dem „Old Man" oder „Alten Mann" geführt. Sie können mit einer Geschwindigkeit von fünfzig Stundenkilometern laufen und fast zehn Meter weit springen; kein Wunder, daß sie oft „rote" oder „graue Flieger" genannt werden.

Oben und rechte Seite: Die sogenannten „Zwölf Apostel" im Port-Campbell-Nationalpark vor der Küste des Staates Victoria. Diese Kalksteinfelsen wurden durch Regen, Wind und die unbarmherzige Einwirkung der Gezeiten gebildet.

Linke Seite: Der sogenannte „Arch" oder „Bogen" und „Island Archway" *(oben)* sind zwei eindrucksvolle Felsbildungen an den Klippen des Port-Campbell-Nationalparks in Victoria. Sie veranschaulichen die Naturkraft des Meeres auf ganz dramatische Weise.

Linke Seite: Ein „versteinerter Wald" im Küstennaturschutzgebiet Kap Bridgewater in Victoria.
Oben: Sonnenuntergang über den sogenannten „Crags", einem romantischen Küstenstrich zwischen Port Fairy und Yambuk in Victoria.

Linke Seite: Der reißende, mit Felsbrocken durchsetzte McKenzie-Fluß im Herzen von Victorias „Grampians" und *(oben)* der McKenzie-Wasserfall, eine der schönsten natürlichen Attraktionen dieser Gegend, inmitten einer grünen und braunen Hügellandschaft.

Oben: Eine geringelte Landralle. Laut der Überlieferung der Ureinwohner weckt der Kookaburra *(rechte Seite)* jeden Morgen das sogenannte Himmelsvolk, um das Land zu erwärmen. Deswegen darf der Ruf dieses Vogels auf keinen Fall nachgeahmt werden, da man den Kookaburra auf diese Weise beleidigen würde. Er würde dann das Himmelsvolk nie wieder wecken, und die Welt verbliebe für immer in Dunkelheit.

Linke Seite: Ein Wallaby ist kleiner als ein Känguruh *(oben).* Wallabies leben meistens in den südlichen Gebieten des Kontinents. Sie schließen sich genau wie Känguruhs in „Mobs" zusammen und stieben beim ersten Zeichen von Gefahr auseinander.

Oben: Sonnenuntergang hinter dem Hume-See in Victoria und ein reißender Fluß *(rechte Seite)* in Falls Creek im Mount-Buffalo-Nationalpark. Falls Creek ist eines der bekanntesten Skigebiete des Staates und von herrlicher Landschaft umgeben.

Oben: Das östliche Ende von „Ninety Mile Beach", des „Neunzig-Meilen-Strandes" in der Nähe von Gippsland in Victoria.
Rechte Seite: Dieser knorrige und moosüberwachsene Baum steht in dem herrlichen Bulga-Nationalpark, Victoria.

Diese Seiten: Whisky Bai im Wilson's Promontory-Nationalpark in Victoria. Kap Wilson, von der einheimischen Bevölkerung „Prom" genannt, ist die südlichste Spitze des australischen Festlandes und einer der größten und schönsten Nationalparks des Staates.

Linke Seite: Seerosen breiten sich wie ein Mantel über einen See in der Nähe von San Remo an der Küste Victorias. *Oben:* Seevögel bei der Futtersuche auf „Squeaky Beach", dem sogenannten „Quietschstrand" im Wilson's-Promontory-Nationalpark. Der Name ist treffend, denn hier quietscht der Sand wirklich unter Schritt und Tritt.

Oben: Die sogenannten „Nobbies" und *(rechte Seite)* der Pyramid Rock liegen beide auf der Phillip-Insel vor der Küste Victorias. Auf den „Nobbies" tummeln sich über fünftausend Bärenrobben, die hier ihre Jungen werfen. Von der Küste aus kann man sie hier oft beim Sonnenbaden beobachten.

Oben: Ein sogenannter „Fairy" oder „Feenpinguin" und *(rechte Seite)* zwei Jungvögel am Summerland-Strand auf der Phillip-Insel. Diese Vögel sind fast zahm und nähern sich, wenn sich der Beobachter ganz still verhält, bis fast auf Handnähe. Des Abends, wenn sie aus dem Meer zurück an den Strand kommen, üben diese freundlichen Tiere eine enorme Anziehungskraft auf die Besucher des Parks aus.

Oben: Ufer des künstlichen Eucumbene-Sees in der Nähe von Adaminaby, des größten Sees dieser Art in den sogenannten Snowy Mountains, Neu-Süd-Wales. *Rechte Seite:* Ein stilles Gewässer und fruchtbares Agrarland in der Nähe von Ouse auf Tasmanien.

Diese Seiten: Die milde Sommersonne leuchtet auf den Fellen von Pferden, die auf einer Blumenwiese in Neu-Süd-Wales weiden – ein Eindruck ländlichen Friedens, der im sogenannten „Ersten Staat Australiens" nicht ungewöhnlich ist.

Oben: Der Zusammenfluß des Murray- und des Darling-Flusses in der Nähe von Wentworth, Neu-Süd-Wales. *Rechte Seite:* Die Menindee-Seen stauen Wasser aus dem Darling-Fluß und dienen der Stadt Broken Hill als Wasserreservoir.

Die Menindee-Seen *(diese Seiten)* breiten sich über eine Fläche von 16.200 ha aus und sind besonders bei Segelsportlern beliebt. Im Jahre 1860 verbrachten die englischen Forscher Burke und Wills, die von ihrer Forschungsreise in das Innere Australiens nie wieder zurückkehren sollten, einige Zeit in Menindee, einem Städtchen ganz in der Nähe der Seen.

Diese Seiten: Das nordwestlich des Darling-Flusses gelegene Gebiet von Neu-Süd-Wales besteht zum größten Teil aus trockener Buschlandschaft. Die zähen Wildpferde Australiens, die sogenannten „Brumbies", finden aber trotzdem immer noch genug Weideland. Diese Wildpferde führen ihren Stammbaum auf entlaufene Pferde der ersten weißen Siedler zurück.

linke Seite: An dem grünen Vegetationsband kann man den Verlauf eines ausgetrockneten Flußbetts erkennen. *Oben:* Ein milchig-grünes Wasserreservoir unter der Stadt White Cliffs in Neu-Süd-Wales. Hier ist die Luft so heiß und trocken, daß das Wasser der wenigen Seen und Flüsse die Vegetation kaum erhalten kann.

Der Busch *(diese Seiten)* im sogenannten australischen „Outback", dem Hinterland um Broken Hill in Neu-Süd-Wales, ist so trocken, daß er für landwirtschaftliche Zwecke wenig nutzbar ist. Er ist aber reich an Mineralien, und Broken Hill selbst liegt über den größten Silber-, Zink- und Bleilagern der Welt.

inke Seite: Die Landschaft von der Great-Barrier-Highway aus gesehen. Diese Straße zieht sich über 800 km durch den Busch in Neu-Süd-Wales.
ben: Die steilabfallenden Felsklippen des Kanangra-Plateaus mit den Blue Mountains im Hintergrund (Neu-Süd-Wales).

linke Seite: Der Wasserschleier des Kedkumba-Falls breitet sich über die mehrfarbigen Felsschichten in Wentworth Falls, Neu-Süd-Wales. Nicht viel weiter liegt der interessante „Wepping Rock", der „Weinende Fels" *(oben).*

linke Seite: Der mit Riementang überstreute Shelly Beach-Strand in Port Macquarie, Neu-Süd-Wales. Das einsame Boot ist farblich kaum vom Sand zu unterscheiden.
oben: Die Ellenborough-Fälle stürzen über steile Klippen in der Nähe von Bulga, südwestlich von Port Macquarie.

Oben: Ein wunderbarer Sandstrand in Coffs Harbour, einem großen und beliebten Badeort an der Küste von Neu-Süd-Wales.
Rechte Seite: Eine felsige Landzunge an der Korora-Bucht, etwas weiter nördlich von Coffs Harbour.

Von Urwald umgeben stürzen sich die Nagarijoon-Fälle *(oben)* durch das einfallende Sonnenlicht in Queenslands Lamington-Nationalpark.
Rechte Seite: Der kleine Bach im Joalah-Nationalpark, Queensland, ist unter der wuchernden Vegetation des tropischen Regenwaldes kaum sichtbar.

Oben: Die in Dunst gebadeten, markanten Berggipfel Beerwah und Coonowrin und *(rechte Seite)* der friedliche Maroon-See in Queensland.

Diese Seiten: Der Moosgarten im Carnarvon-Nationalpark. Dieser Nationalpark mit seinen herrlichen Schluchten, Höhlen und uralten Felsmalereien liegt im Australischen Bergland und ist mit 26.000 ha einer der größten in Queensland.

Oben: Eine Felswand, auf der ganze Generationen von australischen Ureinwohnern ihre Handabdrücke verewigten, zählt heute zu den beliebtesten Sehenswürdigkeiten des Carnarvon-Nationalparks. *Rechte Seite:* Ein glühender Sonnenuntergang über dem Fairbairn-Reservoir in Queensland.

Oben: Gelbliche Felsklippen über einem spiegelglatten See im Carnarvon-Nationalpark. *Rechte Seite:* Die Carnarvon-Schlucht, die Hauptattraktion dieses Parks, von Battleship Spur im Australischen Bergland gesehen.

Oben: Die Landschaft um die Stadt Cairns in Queensland besteht zum Teil aus tropischem Regenwald.
Rechte Seite: Nördlich der Stadt, in Port Douglas, kann man von der Cook-Highway aus herrliche Sandstrände sehen.

Oben: Ein Fluß in der Nähe von Cairns schlängelt sich durch dichtes tropisches Unterholz, das jedoch immer mehr durch Agrarland (im Hintergrund) abgelöst wird.
Rechte Seite: Die warme, durch das Große Barrier-Riff geschützte Küste um Cairns.

Diese Seiten: Australiens Koalabevölkerung hatte vor Jahren durch rücksichtsloses Jagen und eine gewisse Anfälligkeit für Krankheiten stark abgenommen. Heute stehen diese Beuteltiere mit ihren hübschen flauschigen Ohren unter strengem Naturschutz und können einer sicheren Zukunft entgegensehen.

Das Atherton-Tafelland in Queensland ist eine herrliche Hochlandschaft mit dichten Regenwäldern und schönen Wasserfällen *(oben)*.
Rechte Seite: Die Narinda-Teeplantage ist eine von vielen in Queensland.

Linke Seite: Luftaufnahme eines tropischen Flusses in Queensland, dessen Ufer auf beiden Seiten mit dichtem Urwald bewachsen sind.
Oben: Eine Insel im Großen Barrier-Riff. Dieses unwahrscheinlich lange Riff ist der Stolz Australiens und eines der großen Naturwunder der Welt.

Diese Seiten: Das Große Barrier-Riff, mit seinen mehr als 700 Inseln, streckt sich über 1200 km entlang der Küste von Queensland. Das Riff selbst besteht aus herrlichen Korallenbänken und wimmelt von Seetieren, und während des Frühlings nisten riesige Vogelscharen auf den vielen kleinen Inseln.

Oben und nächste Seite: Das Salzwasserkrokodil ist ein Reptil, das man im Nord-Territorium öfters beobachten kann. *Rechte Seite:* Kormorane mit Jungtieren in ihrem Nest.